未 $\underset{DR}{A}$ 读 | 文艺家

# PENNY

Karl Stevens

从我记事起，我就生活在街上，在垃圾和无人在意的腐烂之中。

即便如此，生活也并没有听起来这么糟。我感受过爱，也曾被悉心照顾。

这让我能够发现一直围绕在我身边的美。

但后来，我被绑架了。

现在，我和一对夫妻住在一起。我的生活就是吃饭、睡觉和思考的无限循环。我一直在思考，一直、一直在思考。

啊啊——

潘妮躺在窝里好可爱。

事实上，也没有那么糟。这两个人很善良，而且相比老鼠尸体，湿粮明显更好。

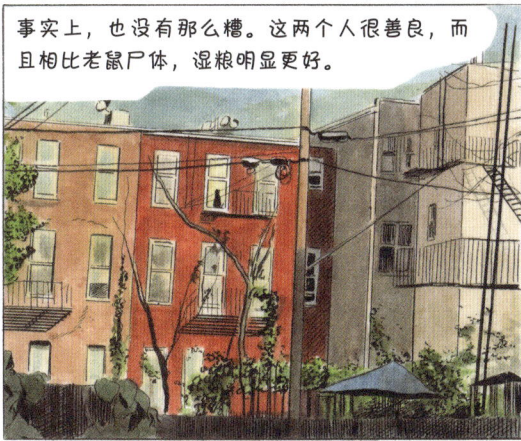

**图书在版编目（CIP）数据**

一只猫的存在主义思考 / (美) 卡尔·史蒂文斯
(Karl Stevens) 著；张林译. -- 天津：天津人民出版
社，2021.9
　　ISBN 978-7-201-17553-9

Ⅰ.①一… Ⅱ.①卡… ②张… Ⅲ.①存在主义—通
俗读物 Ⅳ.①B086-49

中国版本图书馆CIP数据核字(2021)第179311号

## 一只猫的存在主义思考
YI ZHI MAO DE CUNZAI ZHUYI SIKAO

| | |
|---|---|
| 出　　版 | 天津人民出版社 |
| 出 版 人 | 刘　庆 |
| 地　　址 | 天津市和平区西康路 35 号康岳大厦 |
| 邮政编码 | 300051 |
| 邮购电话 | 022-23332469 |
| 电子信箱 | reader@tjrmcbs.com |

| | |
|---|---|
| 选题策划 | 联合天际·文艺生活工作室 |
| 责任编辑 | 赵子源 |
| 特约编辑 | 李佳骐　刘小旋 |
| 封面设计 | 千巨万工作室 |

关注未读好书

| | |
|---|---|
| 制版印刷 | 天津联城印刷有限公司 |
| 经　　销 | 新华书店 |
| 发　　行 | 未读（天津）文化传媒有限公司 |
| 开　　本 | 889 毫米 × 1194 毫米　1/24 |
| 印　　张 | 6.5 |
| 字　　数 | 90 千字 |
| 版次印次 | 2021 年 9 月第 1 版　2021 年 9 月第 1 次印刷 |
| 定　　价 | 68.00 元 |

未读 CLUB
会员服务平台

# 一只猫的存在主义思考

［美］卡尔·史蒂文斯 —— 著

张林 —— 译

A GRAPHIC MEMOIR
BY KARL STEVENS

PENNY

天津出版传媒集团

天津人民出版社

为纪念汤姆·斯珀真

是它吗？我找到了通向未知维度的秘密传送门吗？

乖乖，我怎么就找到了这么一个地方？！一个完美的庇护所。我甚至不记得自己是怎么进来的……但，我在这儿了……等一下。我也还在另一个地方吗？……这怎么可能呢？

有可能同时身处两个世界吗？时间这么有弹性吗？另一个我此刻在做什么呢？如果她在吃我的食物，我发誓我会撕烂她！！

这噪声是什么？人类的声音！哦，不！世界要毁灭了！！啊啊啊呃呃！猫薄荷里到底加了什么鬼玩意儿？

哦，潘妮！那是你的新家吗？

你觉得她知道该怎么出来吗？

我在否认自己生活在监狱里的事实吗？

我看到的"外面的世界"真实存在吗，还是只是一张用来逗我开心的全息图？

但幻想对我们的成长不是很重要吗？我的意思是，如果没有了欲望，我们会怎么样呢？

比方说，我知道这是一根旧鞋带，还是我从鞋里抠出来的！但如果我不假装它是一只老鼠，这些可怜的人类可能就会崩溃。

来呀，潘妮！

表演一下我们超爱的可爱小把戏。

耶！

干得漂亮，小笨猫！

嗯。或许我不应该再问这些问题了，我应该庆幸自己现在温暖又干爽，而且伙食不错。做一个沾沾自喜、沉迷于优渥生活的小资产阶级也很好。

毕竟，如果不是这样，我可能还在那条小巷子里抢剩饭——哦，天哪！红眼恶魔回来了！我的生活就要完蛋了！！

哈哈，快看！潘妮有了"第三只眼"。

快住手！你太坏了。

怎么会？

哈哈哈，她好爱这支激光笔！

嘿！不许上桌子！

有什么东西在折磨我，但我说不清到底是什么。

快下来！

别吼她！

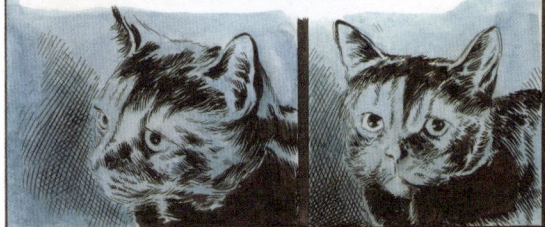

是什么呢？又是那巨大、苍白的虚无吗？这一次，它会将我完全吞噬吗？

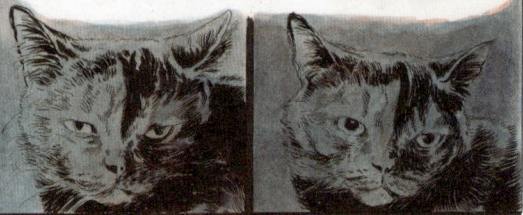

又或者是"生命短暂"这个永恒的现实。不久后的某一天，我们就不得不面对存在的最终命运。

没有人能够逃脱，抵抗是很荒谬的。我们不能……哦，等等……没错，就挠这儿……咕噜噜噜噜噜

咕噜噜噜噜噜……我刚才说什么来着？

哦——可爱的潘妮。

我有这么一个想法。

或许我们并不是真的孤独。

或许万物皆有关联。

能量凝聚成了形式和物质。

一切都没有差别，我们和宇宙是一体的。

潘妮，我看见你在上面了。

我想这意味着你可以松一〇气了，亨利。

我年轻的时候，一切都更加明亮。

这是你的新家吗，潘妮？

啊，快看呀！

很豪华嘛！

颜色、气味、感觉。那是一段关于自由和热切渴望的时光。

噢！哈哈哈哈啊噢！潘妮！噢！

我还记得我第一次感受到爱的时候。那种温暖的感觉在我的身体里闪闪发光，就像微凉夏夜里的百万颗星星。

他叫迈克尔，是一只毛茸茸的黄色小鸟。

我们确实不太一样。他有时很冷漠、很难接近，我们的矛盾会持续好几天。但这些年来，我们一直对彼此保持忠诚。

去呀，潘妮！去玩那只恶心吧唧的小破鸟。

哇哦！那玩意儿是只鸟？不敢想象。

直到有一天，他突然消失了。他被扔进了那个闪闪发光的金属坟墓，从没有谁能够从那里逃脱。

不管怎样，这些天来，我很高兴能得到这种所谓的"湿粮"。感谢你们这些抠门儿的浑蛋多花了二十九美分。

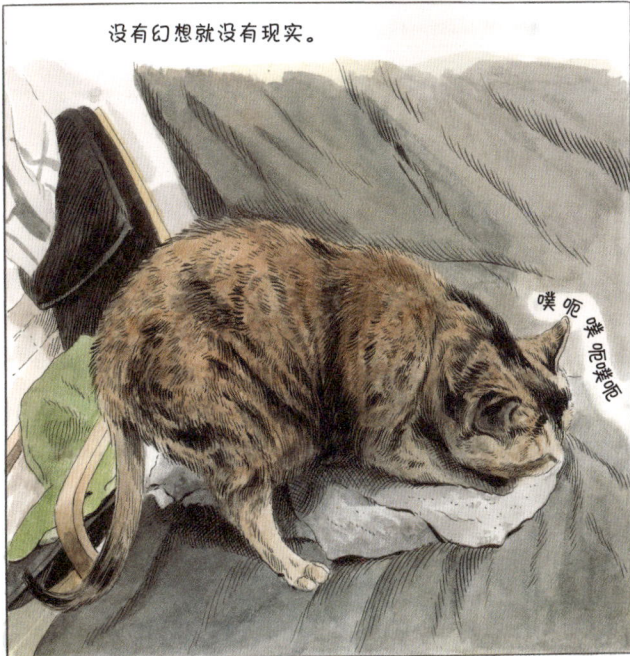

没有幻想就没有现实。

我们的想象力使我们将自己定义
为有生命的存在。

快看！潘妮在吸毯子。

通过想象，我们的社会才能被构建起来。如果
没有想象，世界只会是一系列的本能反应。

不要看我。

好可爱。

入侵者一大早就出现了。

我很快就开始追踪它的行动轨迹。

突然，我闻到了它恐惧的气息。我知道它被困住了。

我猛扑了过去。

听到脖子最后折断的声音所产生的那种兴奋感，只有血液的甜美味道能与之相配。

这是我多年来吃过的最美味的一餐。

潘妮今天都没怎么吃湿粮。

她今天也很黏人，好奇怪。

这是某种干涉吗？

我不知道你在跟谁说话，但我对猫薄荷可没意见。

哇哦，这是在干吗？

我最近在读那本《怦然心动的人生整理魔法》。

然后呢？

我在整理我们的东西，把那些不需要的扔掉。

这是纯粹的社交。只要我想，随时可以退出。

你不是我的老板，好吗？

我会撕烂你那长着毛的蠢脸。

我看出来了。

所以，我觉得我们也可以整理一下猫玩具。

这些还能让你"怦然心动"吗，潘妮？

嗯……我想这可能有点儿过了。

我妈妈就在外面的某个地方。

我很小的时候就被带走了，但我还能记得她。

我的天哪！
是只小猫！！
没错，
身上都是蛆虫的小猫。

事实上，大多数时候我记住的只是感觉。比如被她柔软皮毛温暖的感觉，或是她的舌头舔舐着我的太阳穴的感觉。如果我很专心，我甚至能记起她那慈爱、忧伤的眼睛。

有一次，我以为自己看到她在一个垃圾桶旁一闪而过，但可能，那只是一个塑料袋。

但，等等！

哦，是只愚蠢的海鸥。

唉……我都没有杀死它的机会。

天上飞的那是什么？

012

出身卑微更好吗？

如果我从小生活舒适，现在会有什么不一样吗？我还会疯了似的想要不断证明自己吗？

快看！潘妮打开了橱柜！

嘿！
快下来！

我想，可能也有。不过那样的话，我不会一直被说成是垃圾，我的生命将用来守护家庭财产。

噢，乖潘妮。

真可爱。

没错，家庭。没有什么比家庭更能让人凝视那深深虚无的存在了。

幸运的是，能让我开心的东西很简单。在一个像样的窗台上待十八个小时，睡觉就行。

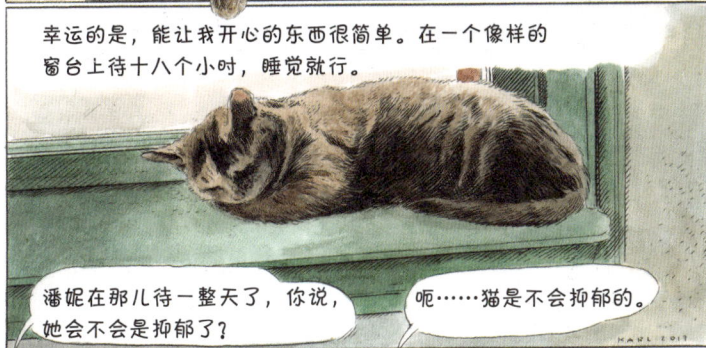

潘妮在那儿待一整天了，你说，她会不会是抑郁了？

呃……猫是不会抑郁的。

理解人类很难，你必须做好各种准备。

比如有一次，他们离开了一周，却忘了给我准备多余的食物。

他们也还没有找齐我留给他们的所有多汁毛球。

如果人类没有黑魔法，我会发动一场暴力叛乱。

我见过他们拿着这根塑料棍，把它变成某种可以被捕杀的生物。

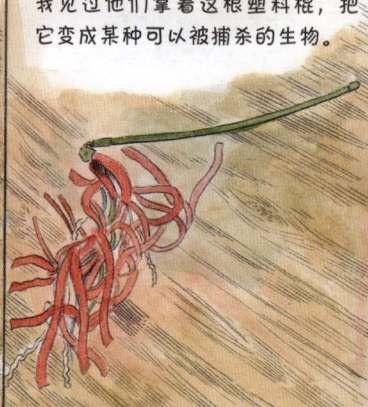

我是说，谁知道他们还能做什么呢。

这就对了，你这个小天才，快弄死这根带子。

当这个世界一心想弄死你的时候，尝试还有什么意义呢？

并不是说我正在遭受这种威胁，但我能感同身受。

我是一个睿智、见多识广的观察者。

我总是觉得肚子里很空。

这一定是因为我从小就得自己照顾自己。

我记得有一次，我发现了一只被吃掉了一部分的鸽子。

我不敢相信自己的运气！但很快，它的主人就出现了。

哈哈哈哈哈哈哈

我退到一边，看着她把鸽子吃完。我无助地看着她咬下每一口。

呜昂呜昂呜昂

她把爪子留给了我。这都不能算一顿饭。

我想我更喜欢豪华大餐。

呃……

注意力不集中是我的天性。

这不是什么新鲜事。

毕竟，这是一种身体系统的……咦，奇怪，那个影子朝我笑了一下。

我讨厌总是这样。

噢，潘妮喜欢她的猫爬架。

此刻我站在这里，无力动弹也无法动弹。

但为什么呢？

可能是因为舒适？待在自己的位置上更容易，那样有一种虚假的归属感。

不管怎么说，我希望食物能够自己升起来，送到我嘴边。

人类应该发明一下这种装置。

我一直保持着干净整洁的外表。

即便小时候住在街上，我也不会让自己看起来脏兮兮的。

我想，这是一种在混乱世界里保持文明的简单方法。

或者说是虚荣心。

我们寻找的究竟是什么？

是爱吗？还是某种情感或认可？

呼噜噜噜噜噜噜噜噜噜噜噜噜

噢，潘妮
这个小可爱。

嘿！
快出来！

你是想找本新书看看吗，
潘妮？

或是某种我们无法完全理解的东西？但在内心深处，我们渴望拥有
金钱、权力或名望。

啊哈，
她又开始
到处折腾了。

不管它是什么，我相信它可能就在眼前，藏在我眼皮底下。

潘妮。

如果你再不从这该死的电视机前挪开，
我就会找到一种新方法，剥了你的皮。

嘿！温
柔点儿。

呼呼呼呼呼呼

呼呼呼呼呼呼呼呼呼

在黑暗中很难看到光。

但它一直都在，只要你努力去寻找。

有时，它只是一种感觉，是在身体里流淌的温暖的光。

呼呼呼呼

无论面临怎样的危险，事情总是没有它看上去那么灰暗。

凡事总有解决的办法，没有什么东西是绝对的。

哈……好困。

快下去，潘妮。呃！啊！我要剪了她的指甲。

呼呼呼呼……啊
呃啊啊

什么鬼？！

你记得给马克和杰西发邮件，让他们来拿钥匙。
发了，他们明天早上就来。
你带防晒霜了吗？
带了，带了两种。
你带了多少现金？
六百。应该够了吧？
够了，只是个周末小长假。
呼呼呼呼呼呼呼呼呼呼呼呼呼呼呼呼呼呼呼呼呼呼呼呼呼呼呼呼呼呼呼呼呼呼呼呼呼呼呼呼呼呼呼呼呼
票呢？
带了，我昨天晚上就打印出来了，手机里也有电子版。
呼呼呼呼呼呼
你叫的车什么时候到？
呃……说是十分钟。
呼呼呼呼呼呼呼……嗯嗯呃
什么？我在哪儿？？
哦，潘妮！你给她准备多余的猫粮了吗？
完蛋，还没有……欸，我去楼下杂货店买。
好奇怪。我刚才做了个疯狂的梦……梦见我被抛弃在冰山上，什么食物也没有。

假期

人类正把他们的衣服放进带小轮子的箱子，这大概意味着他们要离开我很长一段时间。

我的护照在哪儿？

你在逗我吗？！

我必须保持冷静。

哦，等一下，找到了。

你还真幸运。

如果我表露出关心，就会显得我很软弱。他们绝不能占上风！我小的时候就一个人过，我现在也可以！

呜昂呜昂咯吱咯吱

这些都是为了活着而玩的心理游戏。

你给潘妮添粮了吗？

没有，我忘了。

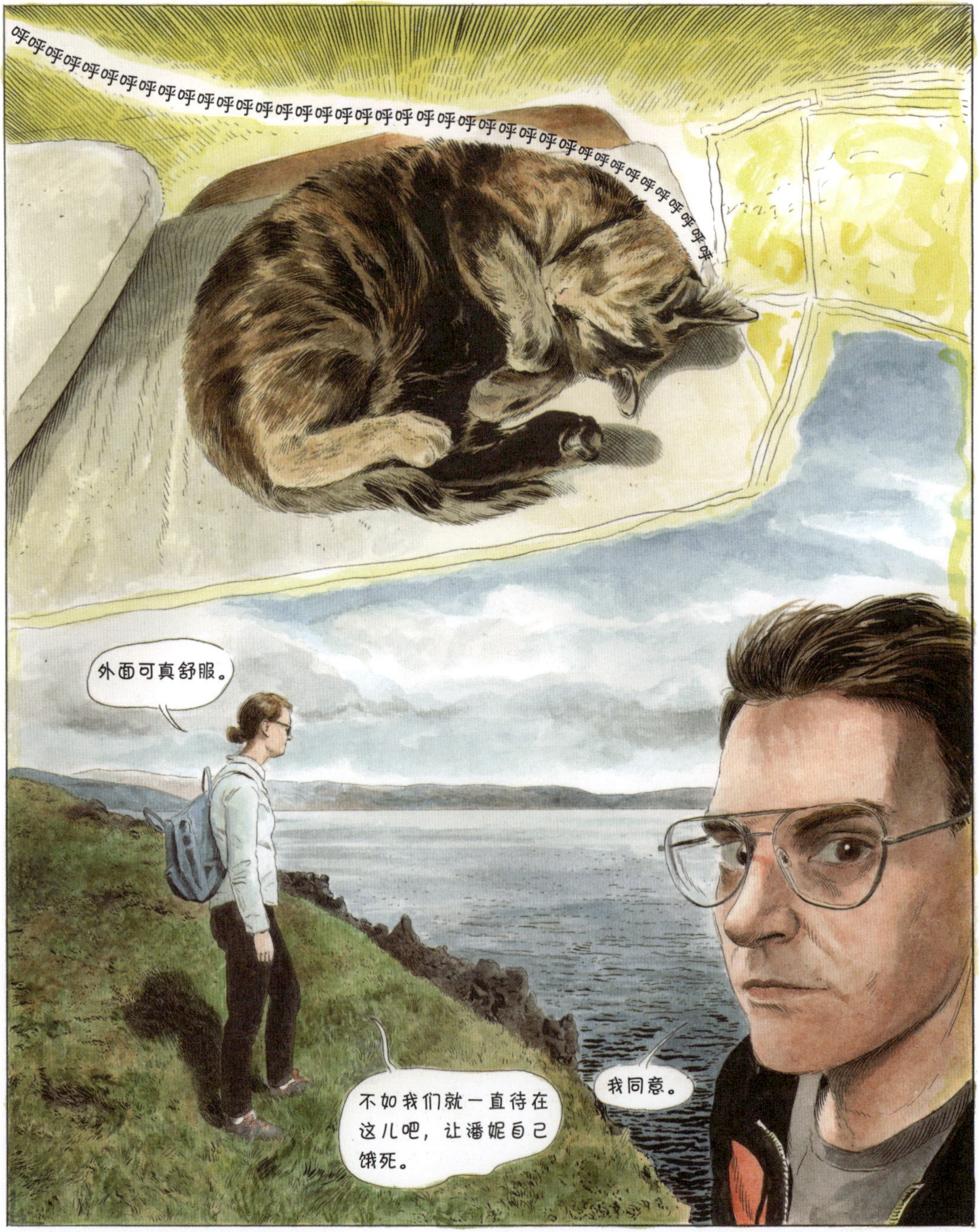

天黑了，然后又亮了，还是没有那两个人的影子。

他们是从那里出去的。

通常他们会在天黑的时候到家，或者更早一些。

他们已经死了，我必须接受这一点。

这是我继续生活的第一步。

接下来的一步，可能就是挨饿？

我想念这两个人呆滞、愚蠢的脸。

他们茫然的眼神、粗鲁的行为。

我感觉有点儿惊悚。

潘妮一直用饥渴的眼神盯着我。

他们站在水龙头下面的样子。

或者面无表情地看着这个（现在没有发光）光之门的样子。

甚至他们穿上这些衣服，遮盖自己可怕皮肤的样子。

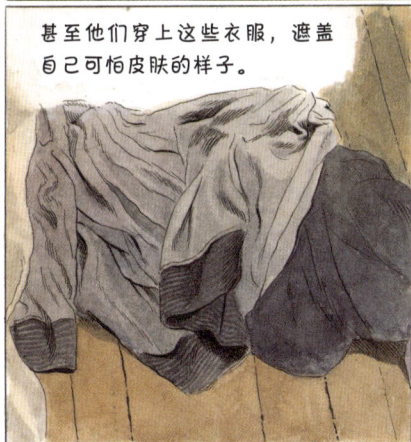

但当然，说到底……

我还是想念那该死的湿粮。

快吃吧。又好吃又恶心！

幸运的潘妮！

噢，潘妮小乖乖。

不，他们很快就会回来的。我很确定。

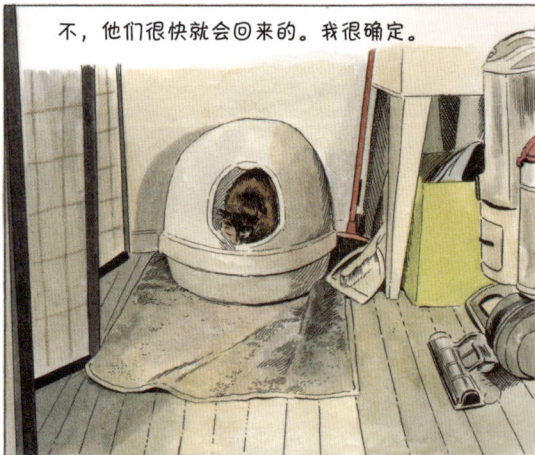

天又要黑了。

是的，随时会回来，就是现在。

猫粮越来越少了。

是我的定式思维出问题了吗？

人类已经离开两天了。

这是某种征兆。

我妈总说，我会死在监狱里。

天又亮了，人类还是没有回来。

食物供应还算稳定，但我不停地在吃，因为这样能安慰到我。

呜昂 呜昂
哈吱哈吱

我不是想念他们——完全不是！事实上，独处是相当不错的。

大多数时候，我渴望他们定期消失，留我自己在家。所有人都知道，我可以一连睡好几天……

呼呼呼呼呼呼呼

潘妮！

真是烦人……非得在我睡得正香的时候出现。

我们回来了！

你想我们了吗？！

爱是人类为了活下去而编造的概念。

就是这样，
我说得很对。

对不起，我今天心情不太好。我的男朋友拉尔斯怪我扯掉了他的左耳。

说谎并不是他的错。毕竟，他的大脑很小，而且里面装的都是不可降解的人造纤维。

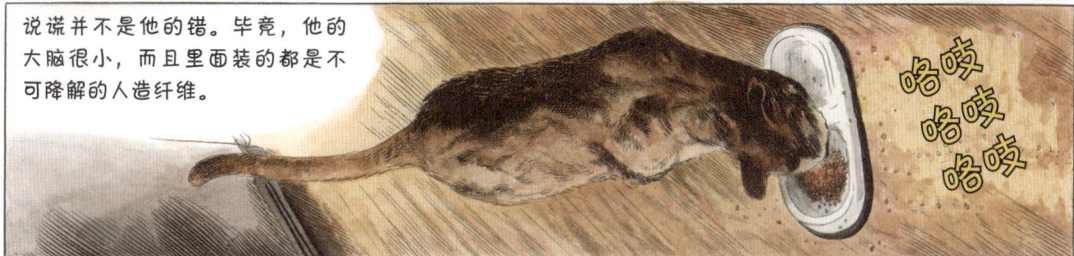

咯吱
咯吱
咯吱

尽管如此，我们还是会一起度过一些美好的时光，深入探究彼此的内心世界。

这非常健康，对吧？一段美好、真诚、相互依赖的关系，直到永远！

她带着那只老鼠到处跑，这可真恶心。

也就最近而已。

呃……她是怎么把那个老鼠玩具弄到椅子上的？

我怎么知道！

这只脏袜子一直盯着我。

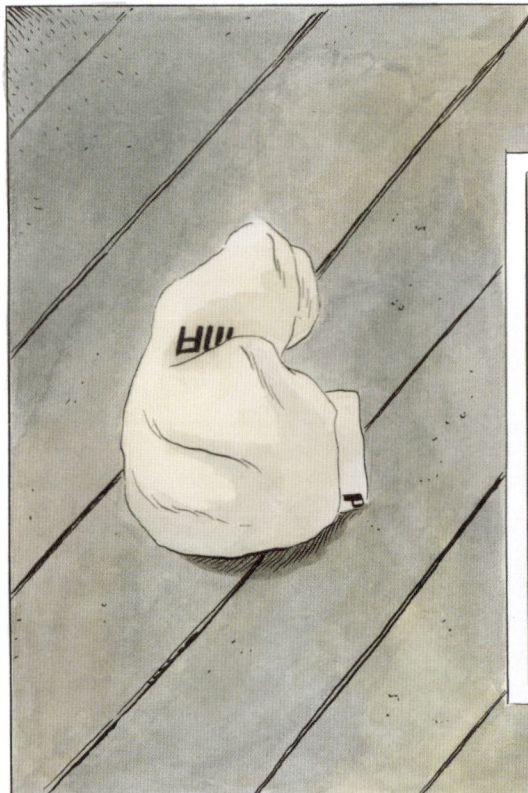

即便我攻击它，它也带着令人厌恶的笑容。

哦，等一下，它死了。我的错。

人类的心情会随着天气变化。

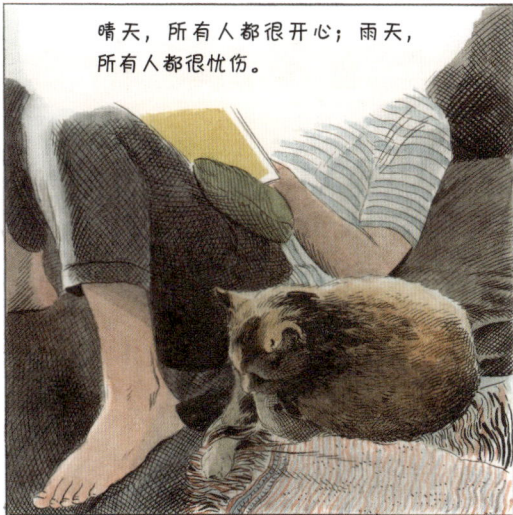

晴天，所有人都很开心；雨天，所有人都很忧伤。

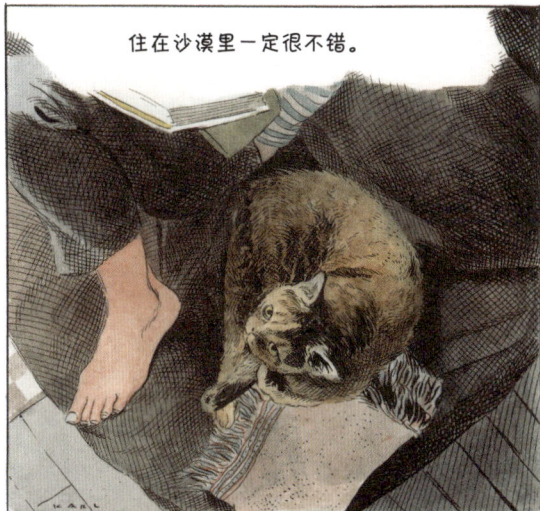

住在沙漠里一定很不错。

好热。

呼呼呼呼呼呼呼呼呼呼呼呼呼呼呼呼呼呼呼呼呼呼呼呼呼呼呼呼呼呼呼呼呼呼呼呼呼呼

我的天哪，是雷暴！我完全可以理解它们用暴力哗众取宠的做法。

轰隆！

好吧，我不能。

我的血管里流淌着某种毒素。

它扼杀了我正常生活的意愿。存在的痛苦变得过于真实，急需消化。

等一下！我的解药！

来吃晚饭啊，潘妮！

这个要好消化得多。

我希望是。

咯吱

咯吱

我是在观察人类睡觉以确定他们没事吗？
呼呼呼呼呼呼呼呼呼呼呼呼呼呼呼呼呼呼
还是说我在等着他们死，然后吃掉他们？
呼呼呼呼呼呼嗯嗯噗
呼呼呼噜噜噜噜呼呼噜呼噜呼
这个问题一直困扰着我。

我曾经是个斗士。

对那时的我来说，未来可不仅是等待下一顿饭。

潘妮，快来吃新鲜的猫粮。

又脆又腥！

啊——还真是年少无知。

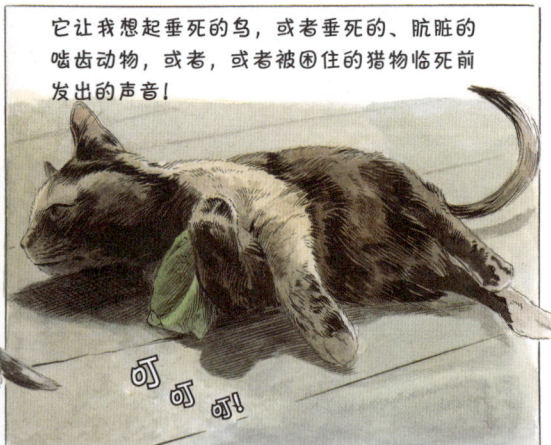

人类有的时候会惊到我。

乖潘妮。

真是个可爱的小女孩。

你永远不知道他们的意图。

哦，嗨！

比如今天，他们给了我鱼味的湿粮，
不是鸡肉味的。好奇怪！

今天下午醒来的时候，我感觉容光焕发。

但此刻，我又陷入了困惑和严重自我怀疑的古老循环中。

没办法，生活还得继续。

什么鬼——？！

亨利的尸体周围出现了传送门一样的东西。

它说着天鹅绒般丝滑的咒语，诱惑我进入。

但我怎么能放弃现在安逸、稳定的生活呢？
这难道不是一切的意义吗？

噢，快看！潘妮
又开始黏人了。

你为什么
坐在地板上？

我不擅长做重大决定。

我是宇宙的一部分。

我能用每一根毛发感受永恒的振动。

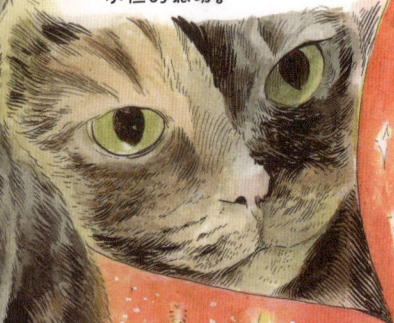

我能透过我们这个平面，看到其他平面里的不同生命。

看，这是另一个我，午睡后正在打理自己。

"无限"着实令人兴奋。

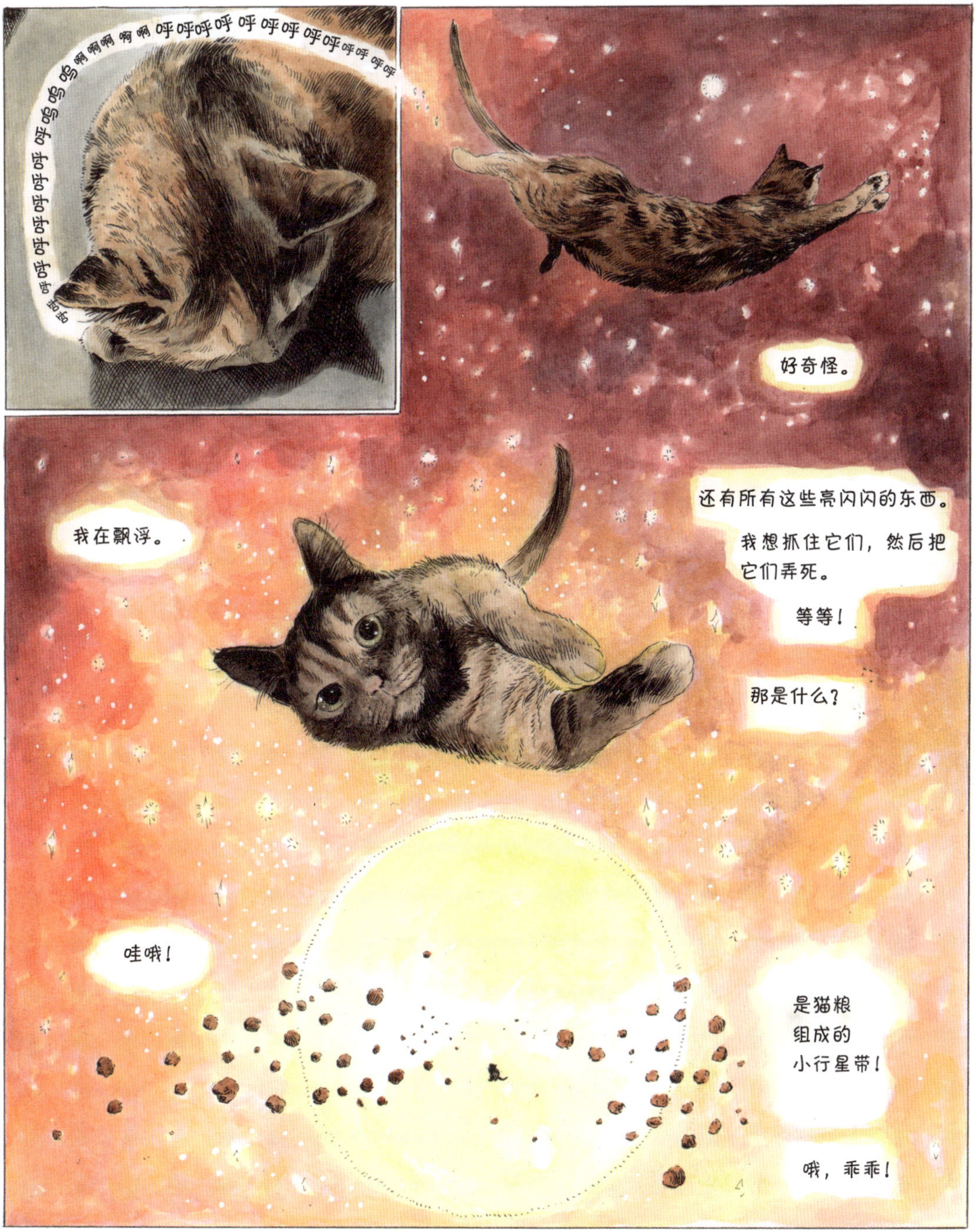

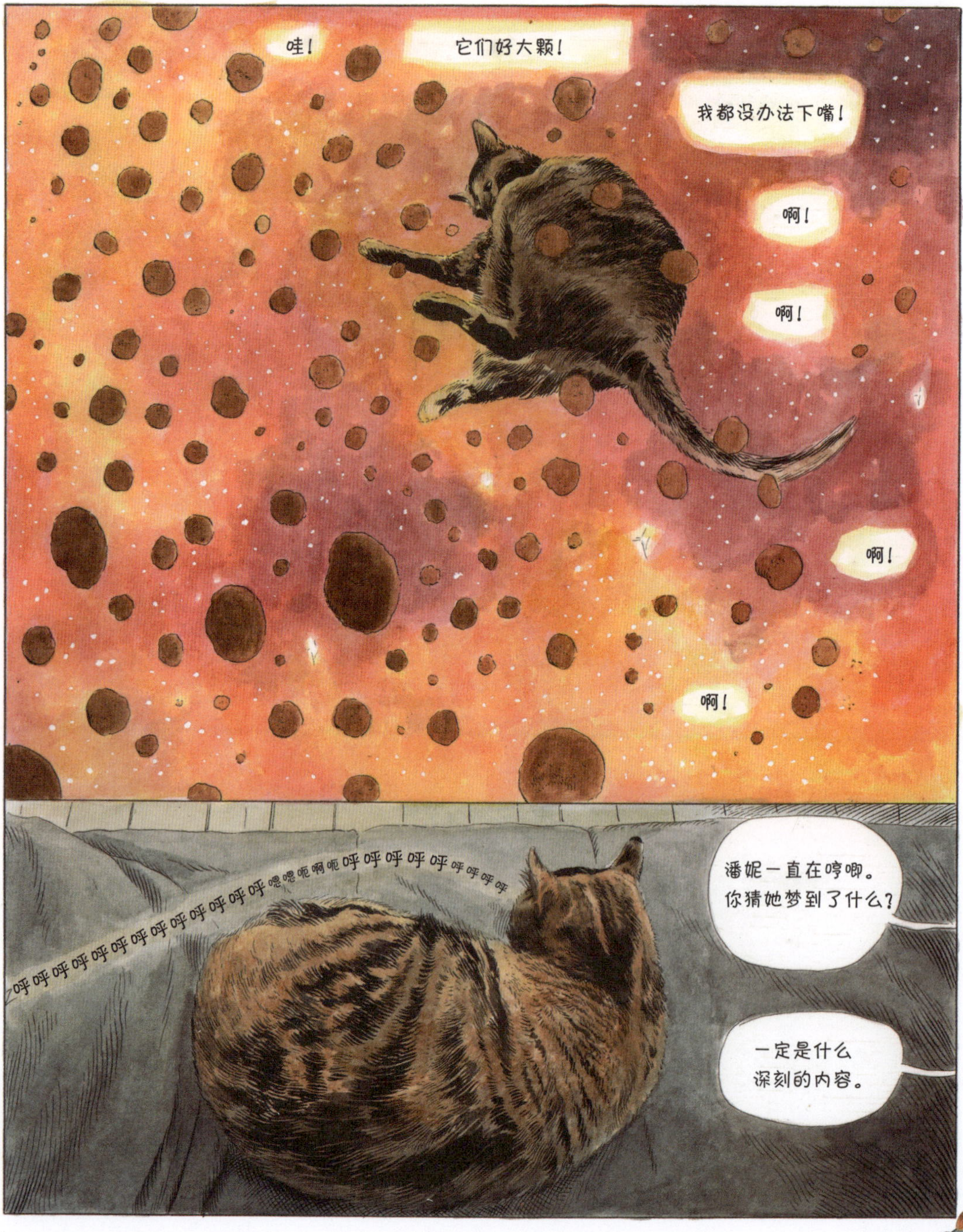

哇！
它们好大颗！
我都没办法下嘴！
啊！
啊！
啊！
啊！
呼呼呼呼呼呼呼呼呼呼呼呼呼嗯嗯呃啊呃呼呼呼呼呼呼呼呼呼
潘妮一直在哼唧。
你猜她梦到了什么？
一定是什么
深刻的内容。

有些日子似乎永远不会结束。

来呀，小笨蛋！来玩绳子！

有些日子则一眨眼就会消失。

但它们终将不复存在。

哇哦。潘妮真的在盯着你呢。

不许看我！

为了获得真正的自由，必须抛却自我。

但我都还不知道自我是什么，更别说想办法消灭它了。

这些胡思乱想总有一天会弄死我。

我觉得我有自控方面的问题。

看到一碗食物，我就想一口把它吞下去。

我的一部分一定是只狗。

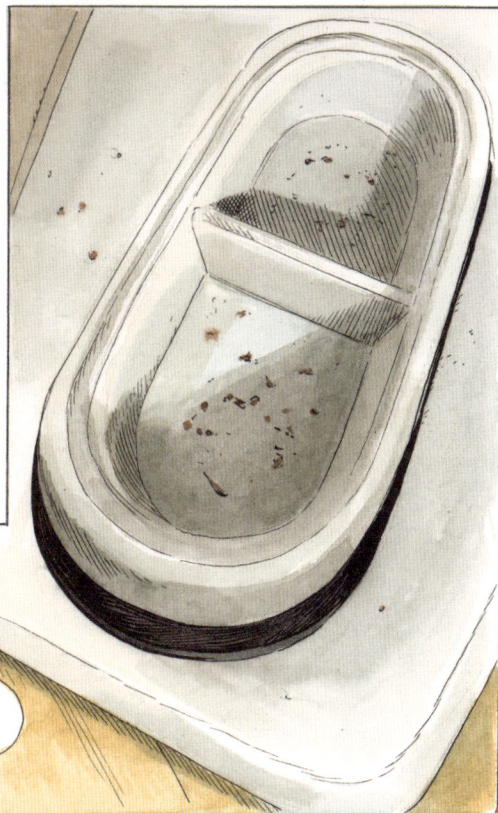

哇哦！她真的把那碗湿粮吃光了。

潘妮真棒！

好像是从那边传来的。

那是什么声音？听起来像噩梦般的尖叫。

不过这又给了我一个待在里面的好借口。

昨天，我梦到自己在坠落。

我掉到地面后，大地在我脚下裂开，于是我又开始坠落。

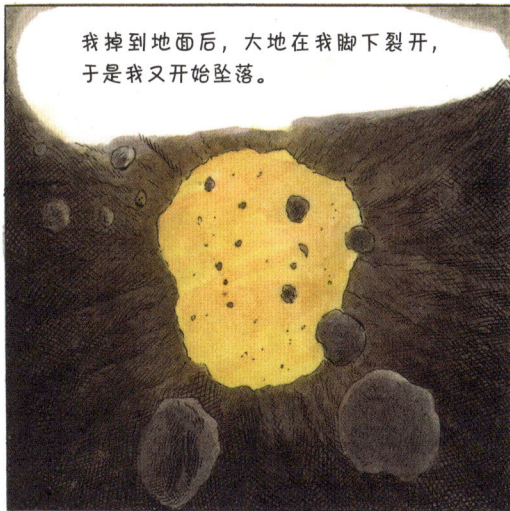

不要问我这意味着什么。

以前的我精力充沛。

我可以整个下午都疯狂地跑来跑去。

现在，下午的时间我都用来睡觉，
以各种不同的方式睡觉。

看，潘妮真的
好大一坨！

嗯，该减肥了。

我在生活中需要三样东西。

碗里的食物、干净的猫砂盆，还有能够打理这一切的人类。

清理完毕，潘妮可以上厕所了。

其余的都只是一场梦。

KARL

总有一天，我会知道那扇门后面是什么。

毫无疑问，它是一个传送门，可以通往另一个维度。在那里，一切都有可能发生。

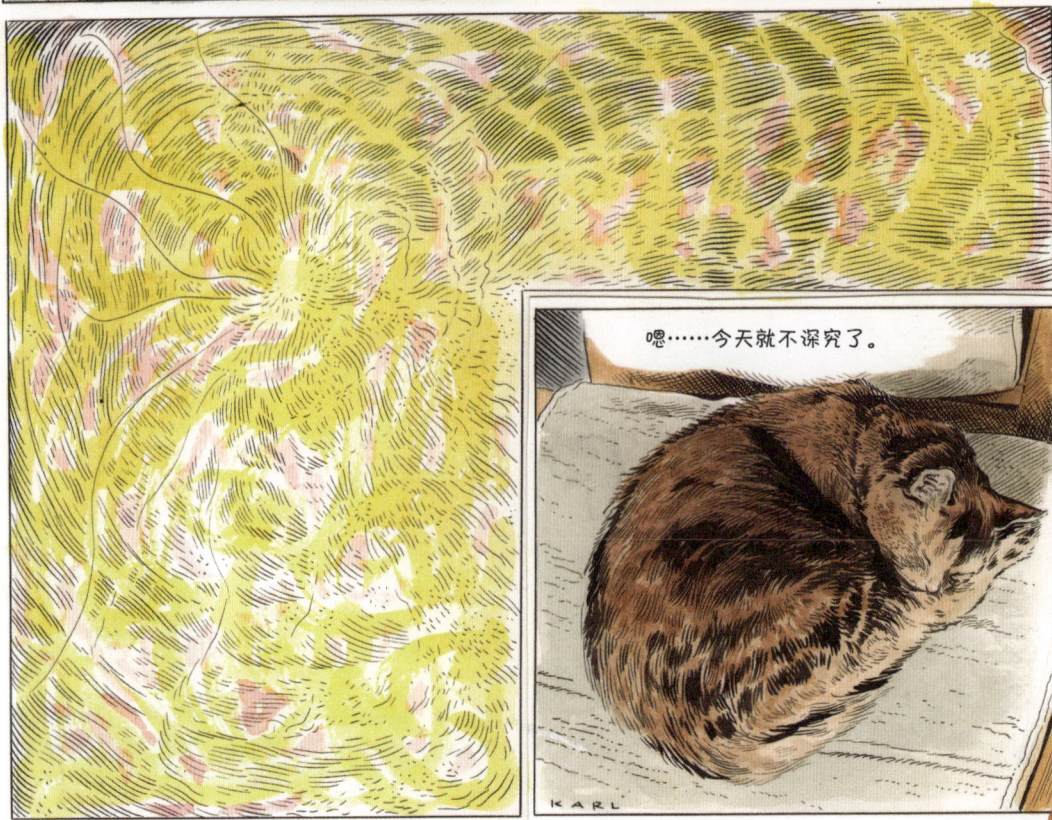

嗯……今天就不深究了。

KARL

我一直在想那扇黑魔法之门。
人类从那里回来后，几乎总是带着好东西。而且他们还那么傻！
我必须利用这扇门的力量，然后用宝物解救自己。
如果我能在它被打开的时候，想办法溜出去……
嗯……
我唯一希望的就是，我的好奇心不会把我引向毁灭……
潘妮占了我的位置。
对不起，
你被取代了。

潘妮的
逃亡

我要逃走！！

那扇门被打开了！！黑魔法是我的了！！

我终于可以回归以前的生活了。

只需要迈出几步。

我感觉身轻如燕！

黑魔法世界里的气味好奇怪。

我不知道它是从哪儿传来的……

丁零
丁零

等一下！有声音！

丁零
丁零
丁零
丁零
丁零

啊啊啊啊！一个流着口水的怪物！！

小可爱，你怎么了？

咕咕咕喵喵喵呃

丁零
丁零
丁零

喵嗷嗷嗷呜

嗷呜

哇哦！

是只小猫！

她是不是走丢了？

我好像安全了。

好吧，现在试着回忆一下。我走过了那条长长的走廊。

然后我左拐经过了一块有奇怪味道的污渍。

然后右拐，路过了一盆我想把它弄死的植物。

然后又左拐，进入了饥饿怪兽的大嘴。

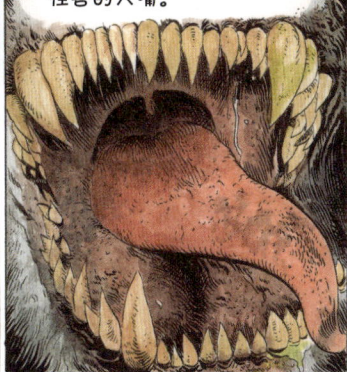

不不不，这只是我的想象。

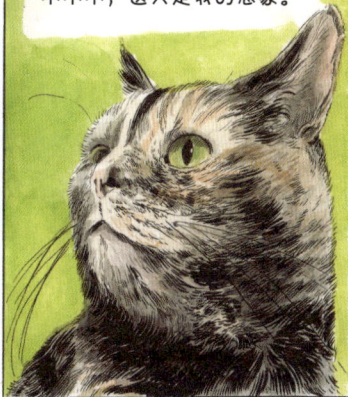

嗒 嗒 嗒
那是什么声音？！

还有怪兽！

嗒 嗒 嗒 嗒 嗒

我需要冷静一下。

管他的！我要逃跑！

还有楼梯！呃，也许最下面有一扇门。

啊哈！猜对了。

有怪兽！啊，现在不跑就来不及了。

哇哦！
这是谁家的猫？

我自由了！甜蜜、美好的自由！

啊噢。

这下可糟了。

这地方闻起来怪怪的，
绝不是我记忆中的味道。

原来的味道既能引发食欲，又绝对让人恶心。

嗅嗅

人类的尿味混合着
腐烂鸡肉的味道。

我喜欢！

那么，我到底在什么鬼地方？

等一下！我见过那个大垃圾桶！

哦！打扰了。

太尴尬了。

现在怎么办？

我好冷。

嘿,说你呢。

你在跟我说话吗?

没错,你就是那只偷了我鱼头的猫。

我倒是想。我已经好几个小时没有吃一顿像样的饭了。

它们不属于你,它们属于我的家人。

你有家人?我能见见他们吗?

把鱼头还给我!!

对不起,我想我们从一开始就搞错了,我是潘妮。

把鱼头还给我!!

等等，我闻到了熟悉的味道。

别动。是她！
快拿毯子来！

在这儿呢。

潘妮！！

他们闻起来像原来那些人。

这就对了。

哦，不！

救命啊！发生了什么？！
我不喜欢这样！

你快把
我们吓
死了。

真的是。

笼子！
它又出现了！！

我又回到了这个监狱，好像什么都没有改变。

我想，我能说服自己这是一件好事。

食物无限量供应，很少受到干扰，适合冥想、沉思的安静生活。

好吧，我接受，这就是美好的生活。现在，请离我远一点儿。

有一天，我梦到自己会飞了。

所有的鸟都吓坏了。

嘎嘎嘎嘎

成为灾难本身的感觉真好。

吱吱吱吱

吱吱吱吱

嘎嘎

嘎嘎

吱吱

吱吱

呼呼呼呼呼呼呼呼呼呼呼呼呼呼呼呼呼呼呼呼呼
丁零当啷
什么？！发生了什么？！我要死了吗？！
哦，人类又在食物制作间里乱敲乱打了。
啊，我们没有香菜了吗？
不应该啊！我上周刚买了一些。
啊啊啊啊哈
等天黑了，我一定要报复他们。
哦！等一下！
我找到了！
噗！

有的时候，我喜欢用自己找来的东西装饰一下猫粮，比如这个绿色的橡皮筋。

或者一截拧成条的纸。

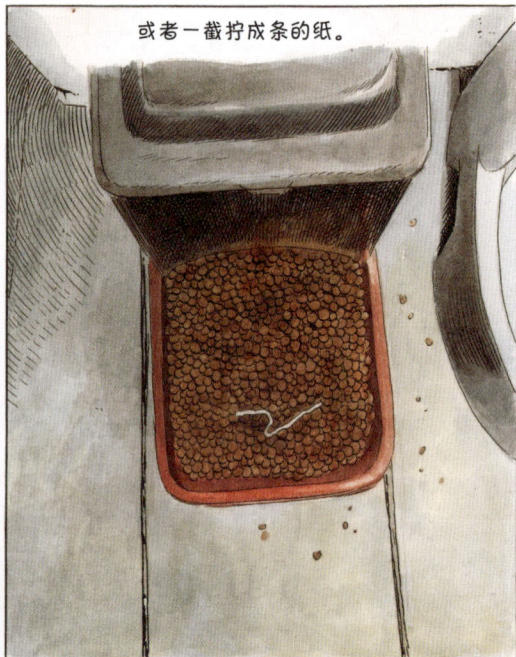

今天，我决定用这个人类会在晚上放进耳朵里的橙色的东西。

我的意思是，你得加点儿调味品，否则会很恶心。

我的爪子都麻了，一切似乎毫无意义。

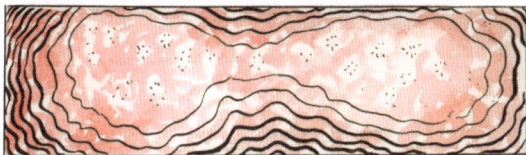

猫薄荷的效力太强。

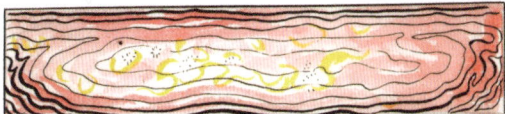

我不太习惯我的爪子没有知觉。

KARL

那是什么声音？听起来像令人毛骨悚然的尖叫。

好像是从外面传来的。

呜呜啊啊啊啊啊呜呜啊啊啊啊啊啊啊啊

呜呜啊啊啊啊啊呜呜啊啊啊啊呜啊啊

我大概暂时很安全。

我做了一个梦，梦见自己被一个巨大的隐形怪物追赶。

空气闷热，土地干燥。

我无处可逃。

怪物离我越来越近，我能感受到它可怕的呼吸。

是洋葱的味道，好恶心。

突然间我醒了！我发现自己站在沙发上，位置很奇怪。

这是什么情况？

呃啊，潘妮又开始疯跑了。

现在是凌晨三点。

在过去的四十五分钟里，我一直在看墙上闪烁的灯光。

它一下向左跳跃，一下向右跳跃，然后又跳回左边。

这是我看过的年度最佳表演。

这是一个圈套吗？！

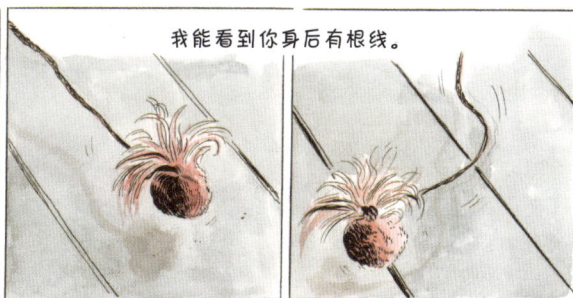

我能看到你身后有根线。

你紧张的动作暴露了一切。

我不会说话的！你听到了吗？我不会上钩的！米歇尔，你休想让我动起来！

来呀，潘妮！

别这么固执。

这可是你喜欢的好玩儿游戏呀！

我觉得你动得太快了。

这一切是怎么发生的？

潘妮？

哈哈，是我们！

昨天，一切都很好。

是啊，看……

那光像初冬一样美丽耀眼。

她的左眼一直在眨。

呃，这要花多少钱？

医生马上就来。勇敢点儿，小猫咪！

然后突然，我就到了这里。

我应该感到害怕吗？这就是我总听人说起的结局吗？

并不是。只是到了要扮成傻子的时间。

噢，可怜的小锥头。

只戴几天就可以，潘妮。

但我会计划复仇的，我已经能感觉到一个毛球正在形成了。

你看，她看起来就像一个老式的扬声器。我们要不要把她接在音响上？

你这个白痴。

KARL

074

我曾短暂地有过一个朋友，就在我被抓之前不久。

他想让我去一个翻倒的食物桶里看看。

他叫谢默斯。我还记得最后一次见到他的情景。

就是善良的人类会留在人行道上的那种。

我不敢翻，因为天还亮着。

但他很坚持，还嘲笑我。

别总像个小宝宝！

去呀！

最后，我还是退缩了。我还能想起他翻找食物的样子。

皮包骨头，饿着肚子。

我不后悔。

潘妮！

来吃湿粮啦！

呼呼呼呼呼呼呼呼呼呼呼呼呼呼呼呼呼呼呼呼呼呼呼呼呼呼呼呼呼呼呼呼呼呼呼呼呼呼呼呼呼呼呼呼呼呼呼呼呼呼呼呼呼呼呼呼呼呼呼呼呼
呜昂
呜昂
咯吱
咯吱
咯吱
天又黑了。这些日子都去哪儿了呢？
潘妮！
不许坐在我的图纸上！

今天会发生点儿什么。

一定的。

随时可能发生。

好吧，也许我的日子就是这么过去的。

呼呼呼呼呼呼呼呼呼呼呼呼呼呼呼呼呼呼呼呼呼呼呼呼呼呼呼呼呼呼呼

今天一早，亨利就可悲地试图赢
得我的同情。

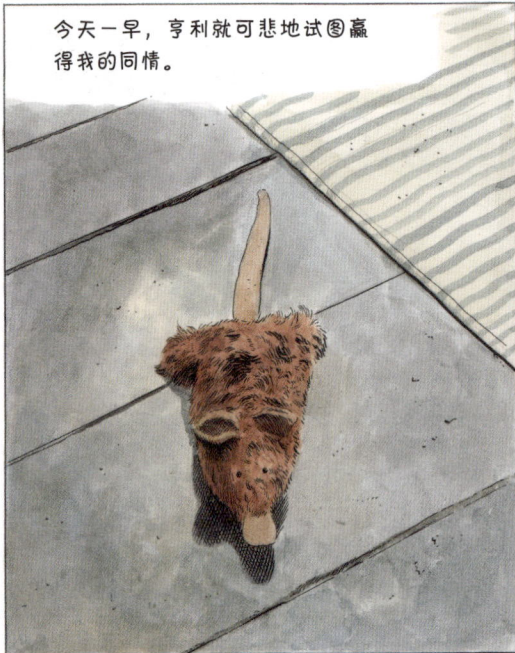

我很快就让他闭嘴了。说真的，他唯一
的功能就是装猫薄荷，而这项服务也在
很久以前就结束了。

这么做让花儿们很紧张，但我还是决定
让它们安静地度过逐渐枯萎的时光。

做一个仁慈的女王很重要。

我藏在这里，它们找不到我。

对吧？

有声音，它们越来越近了。怪物们肯定能追踪到我的气味。

我要跑吗？

不。

不。

我死定了，但我永远不会自己走出去。

哦，我好饿！这种饥饿感无法抑制。

我必须等天黑了再出去觅食。那些怪物休想抓到我！

潘妮还躲在水池下面呢。

她能把自己塞进去，也是很神奇！

谁说不是呢？

我从来没有过融入的感觉。

我想，这是因为我拒绝融入。

但我为什么要融入呢？我不才是宇宙的中心吗？所有人都应该向我靠拢！

没有人喜欢赢家。

别用这种眼神看我，艾伦。

田纳西·威廉斯曾写道："我们所有人都在自己的躯壳内，被判处终身单独监禁。"

一种从另一个角度出发、发人深省的思考。

不过，我们真的应该害怕死亡吗？

难道不应该为摆脱了生活的封闭陷阱，拥抱下一段伟大冒险的荣耀时光而感到兴奋吗？

啊哈！伟大冒险！

我才没有那个运气。下辈子我还会是一只猫，啊嗷嗷嗷——该死的生活。

KARL 2018

我的生活就像维多利亚时代的幻想。

被锁在黑暗的房间里。

担心潜伏在各个角落里的疾病和死亡。

哇哦，她真的在超大口地吃新的湿粮。

好极了。这意味着，她大概会在十分钟以后全吐出来。

我这是在骗谁呢？我的生活如此空虚！我就是个彻头彻尾的后现代主义者。

人类能让我这样做，要么就是真的很勇敢，要么就是真的很愚蠢。

不费吹灰之力，我就能撕破他们柔滑、娇嫩的皮肤。

但那样做毫无意义、残忍，而且完全不符合我的"猫设"。

更别说那样是不明智的。我知道怎样才能让人类打开猫罐头。

别想了，西蒙。我是不会让步的。

你又不能再造出来一袋神奇猫薄荷。

别说话，小绿。

我要在接下来的十八个小时里好好打个盹儿。

我再也无法遵循人类的规则了。

贪婪和不成熟的欲望已经失控，道德内核已经降到最低点。

世上再无英雄，只有恶棍。

呼呼呼呼呼呼呼呼呼

噢！潘妮！

简直是对粗俗与无能的自由放任。

那是我的手！

只有最低劣的本能和短期满足法则，没有人关心思想的留存。

如果我不是中产阶级，我一定会绝食抗议。

会不会有那么一天，我可以超越现实？

潘妮在看我们。

嗨，潘妮！

有一次我差点儿就实现了，但那是因为我误吃了不新鲜的猫薄荷，是非自然的体验。

不，真正的超越必须来自内在。我内心有一片欢愉的绿洲正等着被解锁。我只需要找到正确的钥匙。

然而，现在，我只想让人挠挠我的肚子。

她把肚子露出来了！这表示她爱我们！

有时，我真希望自己还是只小猫。

啊啊，潘妮好可爱。

她好小一只。

我可以表现得像个彻头彻尾的浑蛋但不用受惩罚，就因为我可爱。

潘妮！臭猫！！

酷。多谢你，潘妮。

我完全不需要那些税单。

我的新毛衣！

她对自己干的"好事"真的很满意。

呃

快看那团毛球有多大！

比她自己还大！

没错，盲目破坏是小孩子的游戏。

看她呀。我真希望自己也可以睡一整天。

谁说不是呢。

KARL

没有什么能让我感到兴奋，我觉得我的生活好像陷入了平庸。

但这难道不是大家向往的生存状态吗？

没有了不可预测性和戏剧性，生活不是应该更好吗？

一个由无所作为而决定的平静、昏昏欲睡的无聊日常。

为什么只有承受痛苦才能
感受幸福？

是因为两者缺一不可吗？

好深刻。

我敢打赌，我是第一只想
到这一点的猫。

有时，我怀疑自己是否有某种依恋问题。

呼噜呼呼噜噜噜噜噜噜噜噜噜

比如，我有可能一整天都不去人类那里寻求慰藉吗？

呼噜噜噜噜噜噜噜

我的意思是，有可能会，但为什么要拒绝如此简单的快乐呢？

我又不是什么自甘堕落、半疯半傻、非要霸占着膝盖的、喵喵叫的烦人精。

啊，快看潘妮多可爱。

就是说啊。

我真希望我们每次坐在沙发上的时候，她都能这么做。

对吧？

影子们又开始跳催眠的舞蹈了。

是怎样的黑魔法
在支配着它们？

我可不能把爪子放上去。

无论如何，我必须阻止它们，因为
它们很快就会与外面的影子联合，
吞没整个世界。

你觉得潘妮在
上面会失去平
衡吗？

拜托，她可是
猫，她知道自
己在做什么。

这扇门后面有黑魔法。

我真切看到过。

门把手动了。

后面有明亮的光。

然后它们就消失了。

黑魔法把它们吞下去了。

抢走了我的食物。

冷酷无情的黑魔法。

我是美的奴仆。看到美的事物，我就会呆住。我感到惊叹，也感到悲伤。

是的，悲伤。因为美转瞬即逝。我的神经系统承受不了这些。

潘妮！

嗨！嗨，潘妮！这儿呢！

一定是因为我无法拥有它。美属于整个世界，不只属于某一个人。

潘妮！这儿呢！嘿！看我！

再说了，我是一只猫，我不拥有任何东西。

这袋猫薄荷并不新鲜，令人作呕。

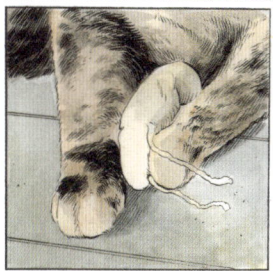

让自己屈服于这种不必要的平庸，我可真卑劣。

事实上，我只是懒。我可以轻松穿过房间，拿到更新鲜的猫薄荷玩具。

但太远了。我们这一物种的先天生理机能又赢了。

没错。这就对了，潘妮。保持愤怒，都是猫的错。

那是什么？

这些晃动的条纹好像在说着些什么，但我没有完全理解。

嗯……

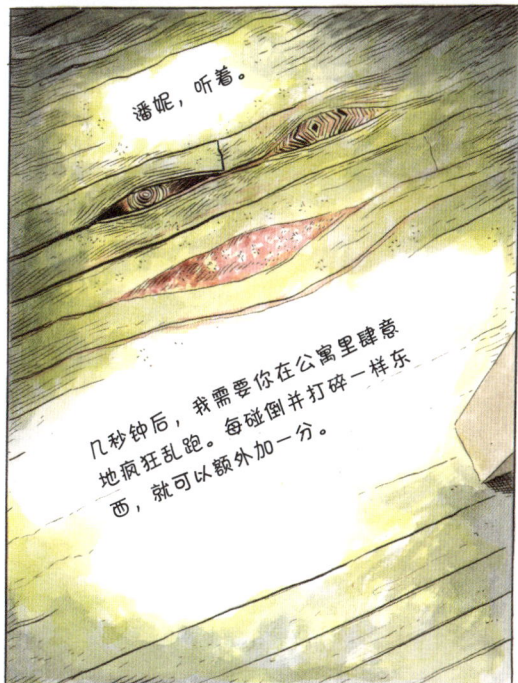

潘妮，听着。

几秒钟后，我需要你在公寓里肆意地疯狂乱跑。每碰倒并打碎一样东西，就可以额外加一分。

嗯，好吧……喊，我本来也准备这么做的。

我躺在这里，闭着眼睛、蜷成一团，但就是睡不着。

恶魔们在挖苦我。

来自过去的，关于遗憾、失败和恐惧的令人厌烦的记忆始终纠缠着我。它们嘲笑我的懦弱，刺痛我的伤口。

我本以为自己才是施虐能手。

啊啊啊

快看潘妮在睡觉。

像个小天使。

我一整天都在跟踪这只苍蝇。

我想让它在被我吞掉之前好好享受生活。

这样一来，它会更美味。

你听到了吗？

潘妮！

这儿呢！

嘿！

是低沉的咕噜声。

不！
是这儿！

声音好像越来越大了。

潘妮！
看我！
嗨。

但声音好像同时从四面八方传来！我要死了吗？！丑陋的巨兽要撞破墙来吃我吗？

哦，等一下。只是我的肚子在叫。我可能需要吃点儿什么了。

潘妮太可爱了。

我的水盆快要空的时候，我就会感到焦虑。

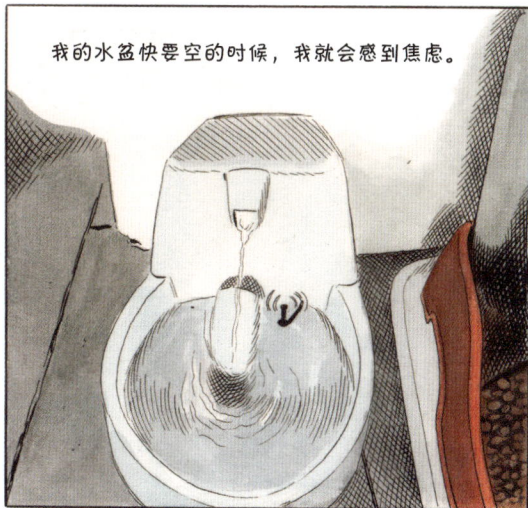

这很奇怪，因为我总能从水龙头或者他们的马桶里喝到水。

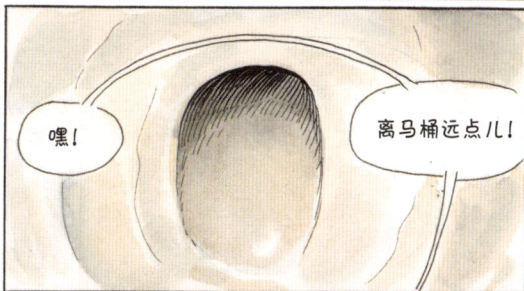

嘿！

离马桶远点儿！

有的时候我真的很不理智。

哦！

嗨，潘妮！

我为什么要把自己置于这种难堪的境地？

就好像我不会从错误中吸取教训。

我只是一次又一次地重复同样的自我毁灭模式。

大概做坏事的感觉真的是太好了。

我也想站起来，但我做不到！

哈哈哈

啊，诱惑！在这样一个环境中要如何控制自己？

一种被禁止的乐趣就在我眼前！如果我只是玩一下，应该会得到原谅吧。

就一小下。

潘妮，不许动！！

果然，残酷的禁令让人无路可走。

生活充满了各种可能。

噢，看看这是谁
来了。

你只需要想清楚该
看向何处。

但我和其他人一样，
没有一点儿头绪。

我把我的生命浪费在了毫无意
义的事情上，忘了自己真正想
要的是什么。

不好意思，潘
妮。今晚的撸猫
时间结束。

该关灯了。

我想，我只需要再
努力一点儿。

晚安。

明天早上见。

呃。谁也没有时间努力。

我完全屈服于自己的恶劣冲动。

我并不感到羞愧。这就是我。

啊啊啊啊啊，潘妮又开始吸毯子了，好可爱！

这是不是说明，她太早就离开了自己的妈妈？

如果没有人理解，那就去他们的！我不能假装成别人过一辈子。

这就是我为接下来三十六个小时的睡眠找到的合理理由。

快看潘妮伸得多直。

她好长。

一切都是从人类打包他们穿在身上的衣服开始的。

你为什么不先把它们叠起来？

我错了。

我想等拆箱的时候再叠。

我想弄死你。

还有他们放在我上不去的架子上的沉甸甸的纸。

噗。

我决定了！我再也不买书和唱片了。

哈哈哈！

除非我看到，不然我才不相信。

事实上，所有东西都被装进了箱子。

呃。

搬家糟透了。

没错。

轮到我了。

潘妮？来这儿，潘妮。

我试图反抗。

来呀，潘妮，别这么小孩子气。

啊！

她挠到我了！

当然，最后我还是失败了。

车到楼下了吗？

到了！

走吧！

有一阵子很黑又很颠簸，我大声地叫，可是没有人听到。

喵嗷嗷嗷呜

没事的，潘妮。

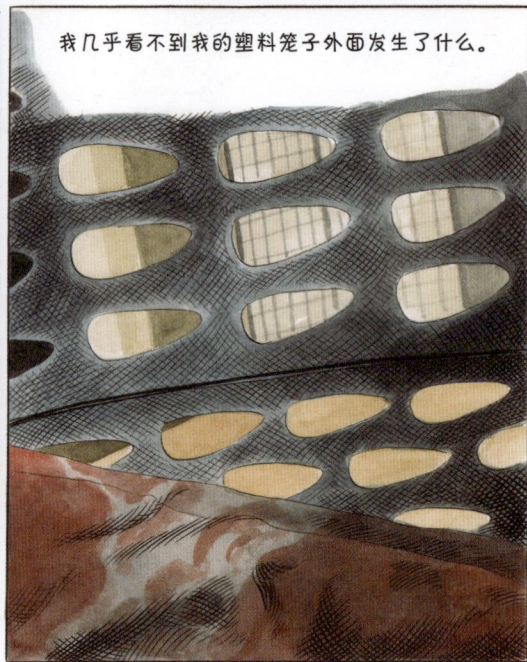

我几乎看不到我的塑料笼子外面发生了什么。

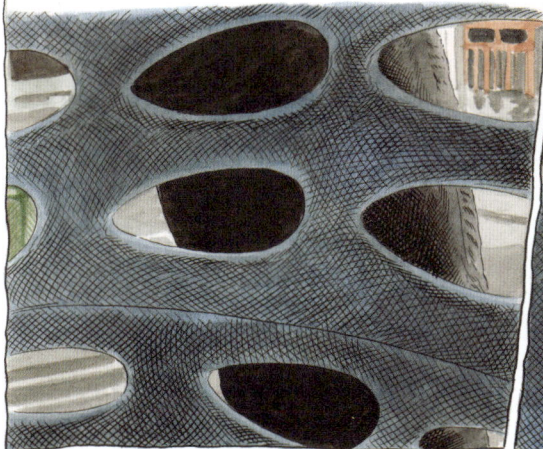

但紧接着，一切都结束了，种种气味表明，我回家了。

门突然弹开，有点儿不太对劲儿。

还是同样的气味，但地板和墙壁都不一样了。

你觉得怎么样，潘妮？你喜欢自己的新家吗？

我必须要跑！

啊！一会儿见，潘妮！

啪啦啦

更别提还有奇怪的噪声！

哎呀！

这个新地方和以前的没有太大区别。

一样的床。
一样的人类。
一样的饭盆。

难道一切都是我的幻觉？

会不会这个地方根本不是新的，一切都没有改变。

只是我弄错了？

但这不可能。

我从不会犯错。

那是什么？！

我不敢相信你会同意照顾惠斯勒。

就这几天而已。

再说了，我欠他们一个人情。

人类竟然给我抓了一只活鸟！

是我过生日吗？

好惨，我自己都不知道。

呃。你知道，潘妮会想办法进那个笼子的。

你看！

嘿！

快下来！

可怜的鸟。我知道被囚禁是什么滋味。

我的笼子也许比它的大一点儿，但那种渴望和痛苦是一样的。

来吧。献出你的身体，让我得到滋养。我们一起推翻人类的暴政！

潘妮！

快下来！

好吧。一会儿再说。

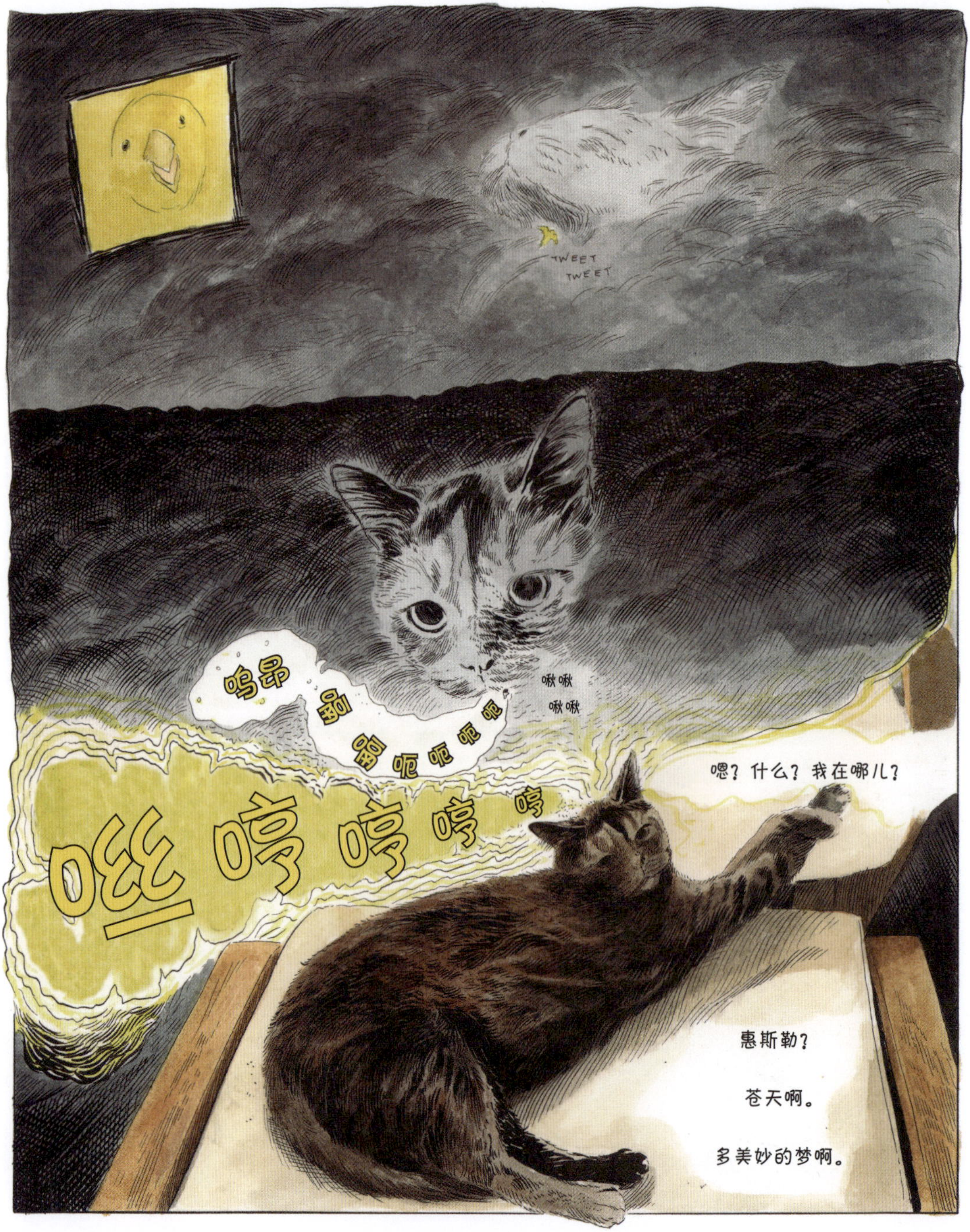
TWEET
TWEET
呜昂嗡嗡呃呃呃呃
啾啾
啾啾
嗞哼哼哼哼
嗯？什么？我在哪儿？
惠斯勒？
苍天啊。
多美妙的梦啊。

我知道你能看见我。

我能闻出你的恐惧。

你的心跳很快。

你喜欢我离你这么近。

只要能碰一下，我愿意付出一切。

潘妮！

下来！

要是惠斯勒知道潘妮
心里藏着谋杀的念头
就好了。

我无法再面对这一切了。

啊哈哈。

躲猫猫，潘妮！

躲猫猫！

所有东西都消失在深渊之中。

水去哪儿了，潘妮？

你最好赶紧停下！

无处可藏。

好吧。

怪不得我的大衣上粘着猫毛。

最终，所有人都会被它吞噬。

嘿！

不许上桌子！

但这种想法是错误的，它不会带来任何有成效的结果。

我说了。从桌子上下来！

快点儿！

她不懂英语。

你只需要尽自己最大的努力，不断朝着目标前进。

啾啾 啾啾 啾啾

潘妮！！

新环境让我害怕。我能感受到每个角落里的那恶之气。

我在上面真的安全吗？

哈哈，快看！
潘妮在墙上！

好吧，至少我能看到一切。比如那边那个看起来像我的饭盆的东西。

她是怎么上去的？

为什么每样东西一定要看起来像陷阱呢？

不知道。

她还真是个"树栖动物"。

我会死在这个地方吗？

住进新家开心吗，潘妮？

死亡会不会很快到来，毫无征兆？

还是说我会在痛苦中煎熬好几天或者好几周。

也许这又是一件我不应该关注的事。

她没有想法。

宇宙中有我的位置吗？

既然我出生了，那就应该是有的。

但……

我为什么会问这个问题呢？我一定是对自己的处境不满意。

很高兴我弄明白了这一点。

你说你要把这些箱子扔掉的！

但潘妮在用啊！

今天，我感觉自己站在世界之巅。

我能看清整个世界的真面目。

嗯……亟须改进。

能活着我很高兴。

今天又是美好的一天。

能活着我很高兴。

每一天都是礼物。

呃。

都是胡扯。

我以前常哀悼逝去的青春。

但后来我意识到，时间是一种社会观念。

呼噜噜噜噜噜噜

为了与之抗衡，我决定把每一天都当作前一天的变化来过。

单调，就是青春的新源泉。

嘿！

快下来！

128

有一天，我希望自己取得伟大的成就。

但在哪个领域呢？

我才华出众、样样精通，很难专攻某一件事。

要是猫有九条命的传说是真的就好了。

你觉得自己很无辜，对吧？

所以你才会呆头呆脑地坐在那里。

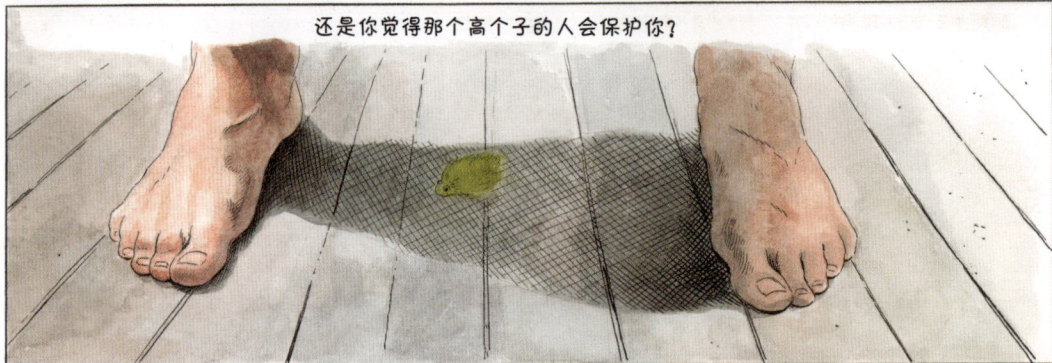

还是你觉得那个高个子的人会保护你？

好吧，这么说吧，只要他一走，我就会把你撕成碎片。

哦，你一定会喜欢的，对吧？

我喜欢夏天。

浓烈的热气让灵魂沉醉。

倒不是说我能直接感受到。这扇窗户就没打开过。

今天很不错。

我睡了三十个小时。

我喜欢日子有三十个小时那么长。

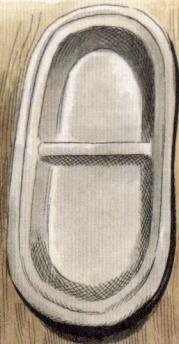

一个空盘子。

要不是它这么让人恼火，它几乎可以是诗意的。

可惜我讨厌诗歌。

哐当

人类已经离开很久了。

我希望他们还活着。

活活饿死可太惨了。

我们中间有个怪物。

我能听到它平稳的呼吸声。

闻到它身上邪恶的臭气。

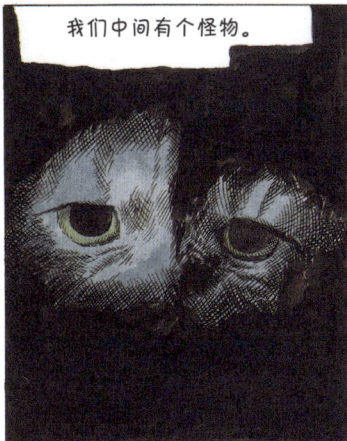

它以为它能抓住我，但它错了。

我神出鬼没，难以捉摸。

现在，我选择等待。

我饿了。

潘妮在哪儿呢？

她还在躲吸尘器。

真是个宝宝！

我无法控制我自己。

我给人类留了一份礼物。

它很快就会干的。

就和我的脑子一样，

干成一团无法辨认的尘埃，

落得满脸都是。

就像没有音调的沙槌，

打着时间流逝的节拍，

一下又一下。

今天晚上有太多幽灵游荡。

四年前的今天，是一个雨夜。

我跳进一个看起来还不错的大垃圾桶，准备来点儿快餐。它们已经在那儿了，啃着一个便宜的甜甜圈。

哦。 你好。

我说"它们"是因为，虽然它们只有一个身体，但有两个头、两个独立的大脑。而且，根本没法说它们是什么性别。

我觉得还有更多甜甜圈。

她不怎么爱说话。 噎，你太粗鲁了！

但是，唉，要决定先吃哪个头真是太难了，所以我离开了，留它们接着吃那些少得可怜的加工过的糖。

不管怎么说，"双头老鼠大餐后悔纪念日"快乐。

那就再见啦

聊天真愉快。 闭嘴！

潘妮太乖了。 她脑子里一定想着谋杀。

135

又是一天，又要被迫面对我那令人心碎的平庸生活。

一样的食物。

一样的日程。

一样的朋友。

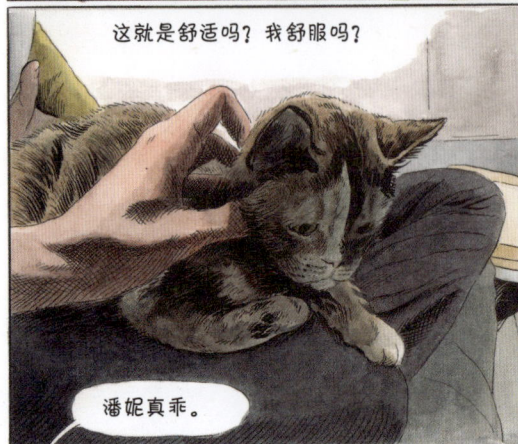

这就是舒适吗？我舒服吗？

潘妮真乖。

不，这毯子太痒了。

潘妮与传送门

那是什么？！就像某种明亮的闪光！

是传送门！它回来了！

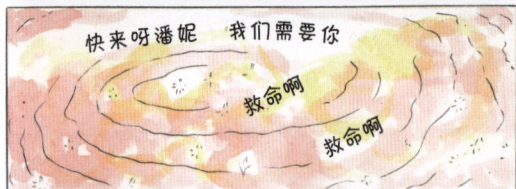

快来呀潘妮　我们需要你

救命啊

救命啊

这里　　潜伏着　　巨大的　危险

拜托　　我们需要你的帮助

快来呀

快来

拜托

救命

你也听到了，对吧？

我们不能再浪费时间了！

你必须立马跟上我们！

我们得去救威尔纳王子，把他送回公主身边！

呃……你说什么？

？！

哇哦。

我刚刚说话了吗？

是的！

是的！

这里的一切都不一样，潘妮。

你还真别说。

但我们现在真得走了。

前面的路还很长。

好吧。我能先小睡一会儿吗？

不行！

就五个小时，拜托！

快看！潘妮藏在沙发里。

一定是送货员吓到她了。

真是个宝宝。

王子被一个叫德拉古特的恶魔抓走了。
他想勒索赎金。
哇！快看那个自动饮水器有多大！
潘妮！专心点儿！
对不起。恶魔抓走了王子，明白了！
没错。所以我们要进入比尔多洞穴，以免被他的爪牙发现。
哇哦！那是什么？
是巨怪！
哇哦，伙计们。
你们可不能随随便便就过去。
快！潘妮！！快说暗语！！
呃。
什么？
暗语！
快说暗语！
喵嗷嗷嗷嗷嗷嗷嗷呜呜呜
这是什么声音？
我的头！
我的身体！我……我的身体不见了！！
小心！
快躲开！

这个声音！

我的脸要烧着了。

潘妮，你待够了吧。

该从沙发罩底下出来了。

哇哦。
什么？
发生了什么？

但但但，还有王子！

我们给你准备了新鲜的猫粮。快尝尝！

146

嗯，好吧。

我相信会没事的。

说不定这一切只是我的梦。

呜昂
呜昂
呜昂

一只小猫救了你？你和你这该死的想象力！别说了，威尔纳！

你平安就好。

嘿嘿。

哈哈。